INSTITUTION NOTRE-DAME

A AUTEUIL-PARIS.

INAUGURATION

DE LA

STATUE DE SAINT LOUIS

ÉLEVÉE PAR LES ÉLÈVES

A LA MÉMOIRE

DE M. L'ABBÉ LOUIS LÉVÊQUE,

CHANOINE HONORAIRE DE PARIS, OFFICIER DE L'INSTRUCTION PUBLIQUE, FONDATEUR
ET PREMIER DIRECTEUR DE L'INSTITUTION.

SAINT-CLOUD

IMPRIMERIE DE Mme VEUVE BELIN

RUE DU CALVAIRE, N° 5.

1864

INAUGURATION

DE LA

STATUE DE SAINT LOUIS

Les élèves de l'Institution Notre-Dame d'Auteuil avaient coutume de célébrer chaque année la fête de leur vénéré directeur, M. l'abbé Louis Lévêque : la Saint-Louis tombant le 25 août, au milieu des vacances, les élèves avaient choisi le mardi qui précède la Pentecôte, jour où le diocèse de Paris fait mémoire de la translation du chef de saint Louis. Ce jour-là, sous les regards de son glorieux patron, ils venaient lui témoigner avec un filial empressement leur affection et leur reconnaissance.

Cette année, peu de jours avant le retour du joyeux anniversaire, il plut à Dieu de rappeler à lui le père de famille. Cette mort, bien que prévue, fut pour tous un étonnement douloureux. Il y a des événements que l'esprit seul s'habitue à regarder comme inévitables, et que le cœur ne se résigne jamais à croire d'avance.

Épuisé par toute une vie de dévouement à l'Église et à la jeunesse, M. l'abbé Lévêque était, hélas! depuis longtemps condamné par la science : mais nous espérions contre l'espérance. Depuis plusieurs années, l'état de santé de notre cher directeur ne lui permettait plus guère de partager la vie commune; il était cependant toujours avec nous par la pensée et le cœur, et les liens que la mort vient de briser ne s'étaient pas relâchés. Aussi ne pouvions-nous croire que cette vie sacerdotale fût si près de s'éteindre, et que ce maître selon le cœur de Dieu nous fût sitôt enlevé, laissant à d'autres sa pensée à poursuivre et sa tradition à garder vivante.

Privés de leur père, les élèves de l'Institution Notre-Dame virent avec tristesse le retour d'un anniversaire autrefois désiré, mais qui, maintenant, ranimait la douleur d'une perte récente. Cependant ils ne voulurent pas laisser à la mort le dernier mot, ni renoncer, à cause d'elle, à leur douce habitude. Ils résolurent donc de célébrer la fête accoutumée. Pour des chrétiens, en effet, les morts ne sont pas des absents. Leur présence lumineuse ne cesse pas d'adoucir les regrets. Les élèves se dirent qu'il suffisait de modifier la fête, mais qu'il serait convenable de ne pas y renoncer; que cet hommage serait digne d'enfants chrétiens, instruits à porter la vue au delà du tombeau; et que, ne pouvant désormais parler face à face, cœur à cœur, à leur père disparu, ils pouvaient lui substituer l'image de son patron, fêter directement saint Louis, lui élever une statue, au nom et en mémoire de celui qu'ils venaient de perdre.

Ces idées circulèrent promptement parmi les enfants. L'honneur de l'initiative et celui de l'exécution leur appartient tout entier. Ils demandèrent l'autorisation de surveiller eux-mêmes les préparatifs d'une solennité

modeste et intime où la joie et la douleur se tempé-
reraient l'une l'autre.

Le dimanche 5 juin, tout fut prêt. Sous les ombrages
du parc, s'élevait une statue représentant saint Louis, le
roi croisé, une main sur la garde de son épée, tenant de
l'autre main la couronne d'épines. La foi ardente et la
piété du saint roi revivent dans cette belle statue. A
l'issue des vêpres, les enfants et leurs maîtres se réu-
nirent en face du monument.

A l'ouverture de la séance, un élève de philosophie,
M. Antoine de Massonneau, prit la parole et s'exprima
en ces termes :

« Messieurs,

» Il y a bientôt deux mois que, mornes et silencieux,
nous suivions à pas lents un cercueil. Agenouillés autour d'un catafalque, nous assistions le cœur ému à une
funèbre cérémonie : puis nous arrêtant immobiles aux
bords d'une fosse entr'ouverte, nous jetions sur une
tombe quelques gouttes d'eau sainte, en murmurant un
dernier adieu. Enfin, nous sommes revenus dans cette
maison, portant sur notre front l'empreinte d'une douleur amère. Nos regards semblaient chercher encore un
père bien-aimé, comme si cet appareil funèbre qu'ils venaient de contempler n'eût été qu'une vaine illusion. Il
était donc bien chéri de tous, ce maître dont la perte exci-
tait tant de regrets, et à l'absence duquel notre cœur
refusait de s'accoutumer! Ce maître, vous l'avez deviné,

c'était le vénérable M. Lévêque, qu'il suffit de nommer pour en faire le plus bel éloge. Ce nom nous retrace une vie consacrée tout entière à la jeunesse. Ce n'est pas à moi, interprète de mes jeunes camarades, de rappeler et de louer cette existence si remplie de vertus, et si riche de dévouement. Je dois me borner ici à exprimer notre vive reconnaissance et nos profonds regrets. Dans la solennité qui aujourd'hui nous rassemble, obéissant à la religion du souvenir, nous élevons à sa mémoire ce monument symbole de notre filiale affection, et l'image de saint Louis est destinée à nous rappeler celui qui n'est plus. En effet, qui, mieux que notre bien-aimé Directeur, imita les vertus de ce grand saint, son patron? n'eut-il pas sa douceur inaltérable, sa tendre piété, son inépuisable charité, et son entier dévouement aux intérêts des enfants confiés à sa sollicitude? Aussi nous voulons que cette chère image s'élève ici comme le symbole durable des sentiments de notre cœur. Elle restera comme une prière permanente pour le père que nous pleurons : et quand plus tard nous reviendrons dans cet asile, que nous visiterons ces lieux si pleins de doux souvenirs, nous aimerons à nous arrêter un instant devant cette statue; elle nous rappellera avec les joies pures de notre enfance, les sages conseils que nous prodigua celui dont elle nous retrace les vertus; elle nous redira ses dernières paroles : « *Je vous quitte, mais je ne vous abandonne pas.* »

» Il ne nous a point abandonnés puisqu'il nous a confiés à vous, monsieur le Directeur, à vous son ami dévoué, qui avez partagé si longtemps ses joies et ses épreuves.

Nous savons qu'en vous léguant son héritage, il vous a aussi légué son cœur. Unis à des collègues dévoués, vous avez pour nous son affection et son zèle. De notre côté, nous voulons reporter sur vous et sur eux l'affection toute filiale que nous avions vouée à votre vénérable ami qui, à nos yeux comme à ceux de nos familles, se survivra dans ceux qu'il a associés à la noble tâche de notre éducation. »

M. Gaslonde, conseiller d'État, ancien élève et ami de M. Lévêque, voulut bien raconter de la manière suivante les commencements, les développements et les vicissitudes de l'Institution :

« Je remercie d'abord mon jeune ami des bonnes paroles qu'il vient de faire entendre. C'était bien à la jeunesse qu'il appartenait de louer M. l'abbé Lévêque, puisqu'il a vécu et qu'il est mort pour elle.

» Si j'ai le plaisir de causer quelques instants avec vous, mes bons amis, je le dois sans doute au privilége de l'âge. Je suis ici le représentant du passé. Mais j'ai hâte de vous rassurer; le présent n'a rien à envier au passé.

» Vous n'avez pas connu cette chère maison de la rue du Regard. C'est à peine si le nom en est arrivé jusqu'à vous. Mais je ne la revois jamais sans une profonde émotion.

» L'espace, l'air, la lumière n'abondaient pas comme ici, autour de nous. D'arbres séculaires, de vertes pelouses, de riches corbeilles de fleurs, il n'y en avait, hélas ! que dans nos descriptions en vers et en prose. Ce qu'on appelle d'un nom anglais, le *comfort*, nous faisait complétement défaut.

et je vous assure, mes bons amis, que nous étions trop bons Français, pour connaître le mot et regretter beaucoup la chose.

» Tout ce qui nous manquait vous a été prodigué. Vous êtes aussi gâtés que nous l'étions peu ; et ce n'est pas moi qui m'en plaindrai, ni vos mères non plus.

» Mais comment vous décrire la physionomie morale et intellectuelle de cette petite colonie de la rue du Regard, qui s'appelait d'un nom modeste et touchant, la *Petite Communauté ;* nom qui peint bien la discipline des âmes et l'union des cœurs dont la maison de M. l'abbé Teysseyre et de M. l'abbé Poiloup offrait le rare et délicieux tableau !

» Quelle paternité et quelle douceur dans le commandement ! quelle spontanéité et quelle affection dans l'obéissance ! Quels maîtres dévoués et aimés ! Quelle merveilleuse émulation dans le travail ! quelle noble passion pour les lettres grecques et latines ! quelle ardeur pour les mâles et fortes études qui font la virilité de l'esprit !

» Tout cela, mes bons amis, se résumait en un mot : l'*esprit de la Petite Communauté*. Ce que ce mot comprend de pieux, de doux, d'attendrissants souvenirs, ceux qui furent ses enfants le savent.

» Je quittais la maison de la rue du Regard au moment où éclatait la révolution de 1830. On put croire que la Petite Communauté allait disparaître dans la tempête. Mais non. Elle sortit de cette épreuve, plus forte et plus brillante ; et bientôt elle se transforma en ce grand et bel établissement de Vaugirard, que quelques-uns d'entre vous ont pu connaître, et qui était devenu l'héritier de son esprit, en même temps que de ses maîtres et de ses élèves.

» Il vint un jour cependant où le sol trembla sous les pas des travailleurs qui avaient creusé le sillon. Il vint un jour où la pensée de M. Teysseyre et de M. Poiloup fut sur le point de s'absorber dans une autre, celle-là aussi digne de nos respects, mais qui avait sa physionomie propre, son caractère distinct.

» Mes bons amis, à la différence des spéculations mercantiles de notre temps, les œuvres de foi et de dévouement ont toujours résisté aux fusions. L'idée est plus réfractaire que l'or.

» Il se trouva un homme, non pas plus dévoué, mais plus ancien et plus autorisé que ses collaborateurs, qui datait des premiers jours de la Petite Communauté, et en qui se personnifiait son esprit. Cet homme, en quittant les murailles du Temple, emporta le Dieu du sanctuaire. Il fut suivi des maîtres et des élèves, demeurés fidèles à l'ancien culte.

» En venant ici, sur la rive droite de la Seine, l'exilé de Vaugirard, M. l'abbé Lévêque, pouvait dire comme le philosophe de l'antiquité : *Omnia mecum porto.* Mais le philosophe aurait été bien embarrassé pour créer ce beau parc et pour faire sortir de terre ce vaste édifice. Heureusement, mes amis, M. Lévêque était plus qu'un philosophe, c'était un homme de foi, c'était un bon prêtre : il se mit résolûment à l'œuvre.

» Ni les concours généreux, ni les dévouements personnels ne lui manquèrent. N'attendez pas que je les raconte tous ; mais lui se plaisait à les raconter. Combien il en était fier et reconnaissant ! Combien de fois, avec une émotion contagieuse, m'a-t-il redit ce qu'il devait au concours d'un conseiller d'État, homme d'un grand cœur et d'un grand esprit, dont la confraternité honore tous ses collègues ! Vous avez nommé M. Marchand (1). Le souvenir de son excellent fils, naguère votre camarade, est encore vivant au milieu de vous.

» C'est ainsi, mes bons amis, que l'établissement de Vaugirard est devenu l'Institution Notre-Dame d'Auteuil. Mais

---

(1) A ce nom cité par M. Gaslonde la reconnaissance nous fait un devoir d'ajouter ceux de MM. Nolleval, Vicomte de Viart, d'Heudecourt, etc.

M. l'abbé Lévêque a succombé à la tâche. Tant de sollici-
tudes, tant d'efforts, tant de veilles ont épuisé et tari chez
lui, avant l'heure, les sources de la vie.

» Cher et vénéré maître !

Votre pensée durera, et, avec elle, votre mémoire. Vous
n'êtes pas mort tout entier. Vous revivrez dans l'homme
modeste et dévoué qui fut votre fidèle compagnon aux jours
incertains et difficiles, le consolateur de vos derniers jours,
le dépositaire de vos suprêmes pensées !

» *Narratus et traditus, superstes eris !*

» De cette terre arrosée de vos sueurs et fertilisée par vos
mains, sortiront des générations de jeunes chrétiens, qui
seront les pionniers de la vraie civilisation, les apôtres du
vrai progrès, aussi savants que les fils du doute moderne
et plus puissants qu'eux ; car le doute est stérile et la foi
est féconde. Vous veillerez sur eux et vous les protégerez,
et ils seront votre gloire vivante et votre couronne impé-
rissable. *Ipsi et filii eorum, et filii filiorum eorum.* »

Puis M. l'abbé Laffineur, nouvellement attaché à la
direction de l'établissement, prenant la parole au nom
de ses collègues, paya en ces termes un tribut d'affec-
tueux hommage à la mémoire de M. l'abbé Lévêque :

« MES ENFANTS,

» Vous avez donc voulu que cette noble image s'élevât
au milieu de ces bosquets et de ces ombrages pour vous
rappeler et rappeler à ceux qui viendront après vous, la
mémoire douce et vénérée du fondateur de cette maison.
Votre cœur pieux et reconnaissant a conçu et réalisé ce

monument destiné à perpétuer le souvenir d'un maître chéri dont l'aménité, la sagesse, la distinction resteront gravées dans vos âmes façonnées par ses mains habiles et vraiment paternelles.

» Vous avez été heureusement inspirés, M. E. Oui! cette statue est bien choisie, et elle est à sa place, ici, en face de cet établissement où grandit votre jeunesse. Le saint et illustre Roi dont M. l'abbé Lévêque portait le nom, a été donné à la France et au monde par l'Education maternelle. Sur les genoux de Blanche de Castille, recueillant de ses lèvres les principes chrétiens, et surtout la haine du mal, s'est préparé dans l'enfant l'incomparable héros dont le front rayonne de deux splendides couronnes, celle de la vertu, et celle de la gloire humaine, le grand saint qui a laissé dans l'histoire de l'Eglise de si touchants récits, et le grand monarque qui a inscrit dans les annales de la France de si magnifiques pages. Telle est la force, telle est la puissance de l'éducation de famille, lorsqu'elle prend pour guides, avec les tendres sentiments de la nature, les vives et fécondes lumières de la foi.

» Transplanter dans l'éducation publique les traditions du foyer, emprunter au père sa ferme et douce autorité, à la mère les délicatesses de son cœur, réaliser cette association qu'on croirait irréalisable, et qui fait d'une grande école une famille élargie et dilatée, ce fut, M. E., la pensée de M. l'abbé Lévêque. A l'exécution de ce dessein il a mis toutes les ressources d'une intelligence élevée, d'une nature sensible et aimante, d'un caractère noble et généreux; il y a surtout consacré toutes les

ardeurs d'un dévouement sacerdotal, et qui aurait aisé-
ment rencontré, dans le service de l'Eglise, un théâtre
plus étendu, entouré, de plus d'éclat, et humainement
plus enviable.

» Enfants! qu'il a aimés toute sa vie, et exclusivement
aimés, pour qui il a ouvert cet établissement quand un
autre cher à son cœur lui fut fermé, votre bonheur a été
de sa part l'objet d'une infatigable sollicitude de trente
années ; il a voulu vous ménager, au sortir de la maison
natale, ce que l'éducation publique semble ordinairement
exclure, l'atmosphère douce, pure, saine et fortifiante
de la famille ; il a voulu que votre cœur comme le cœur
de saint Louis, pénétré de bonne heure de l'amour de
Dieu, du devoir et du bien, gardât à jamais l'ineffaçable
empreinte du moule où votre enfance serait jetée : il a
voulu sauver pour la famille et préparer à la société une
génération intelligente et digne, qui sût reporter au
foyer, et mêler aux fonctions publiques toutes les qua-
lités de l'homme sérieux rehaussées de toutes les vertus
du chrétien.

» La pensée de M. Lévêque a été comprise, et les familles les plus honorables, heureuses de voir réaliser les
rêves de leur affection, n'ont cessé d'apporter l'appui de
leur sympathie et de leur confiance à un maître et à une
œuvre qui répondaient si bien à leurs plus ardents désirs. Naguères, dans un deuil récent, pressées autour
d'une tombe, hélas! trop vite ouverte, elles donnaient
de leurs sentiments un témoignage aussi éclatant que
sincère. Ce concours de tant de parents, qui prenait les
proportions d'un événement, était un suprême et recon-

naissant hommage au prêtre qui avait si heureusement résolu le problème de l'Éducation de famille acclimatée dans l'Education publique.

» De votre côté, M. E., vous avez constamment répondu aux efforts de M. l'abbé Lévêque en apportant ici un véritable esprit de famille. C'est parmi vous une vieille habitude de considérer cet établissement comme une seconde maison paternelle, vos maîtres comme des amis et des pères, vos condisciples comme des frères ; et, laissez-moi vous le dire sans aucune intention de flatterie, l'étranger ou le nouveau venu, qui visitant cette gracieuse retraite, en rencontre les jeunes habitants, sur-le-champ, dans la joie franche de vos visages, dans l'aimable cordialité de vos manières, dans l'empressement de votre accueil, reconnaît qu'ici les douces et précieuses habitudes de la famille n'ont point été effacées par le rigorisme de la discipline, ou les dures formalités d'un ordre souvent plus apparent que réel.

» Mais si vous avez rencontré ici la vie de famille, vous l'y rencontrerez toujours, recevez-en l'assurance. Le plus riche héritage de M. Lévêque, c'est l'esprit imprimé par lui à cette maison ; son respectable successeur, celui dont le cœur vous est si bien connu, et avec lui tous vos maîtres veulent le garder comme un trésor : c'est à quoi tendront dès aujourd'hui leurs travaux, leurs efforts et leur cordiale union. De votre côté, vous les aiderez à conserver à cet établissement sa physionomie propre et caractéristique. Votre docilité et votre esprit resteront une docilité et un esprit de famille. Par delà les hommes qui changent, qu'ils soient anciens ou nouveaux, à travers les modifications et améliorations dont nulle œuvre humaine ne peut impunément se passer, votre cœur continuera de voir et de reconnaître celui qui de son lit de mort vous envoyait ce pieux mot d'ordre : « *Dites à mes chers Enfants que si je les quitte, je ne les abandonne pas.* » Vous vous souviendrez aussi que la première condition de cet esprit de famille, c'est l'esprit religieux et chrétien que vous léguait un autre mot sorti des mêmes lèvres : « *Dites-leur de conserver* » *la foi, base de l'Education pour laquelle je me suis* » *sacrifié.* »

» C'est donc en affermissant et en perfectionnant de plus en plus parmi vous cet esprit tout paternel et tout chrétien, que vos maîtres entendent vous préparer à l'avenir, dont vous êtes l'espoir. L'avenir! enfants, c'est une grave chose, et il convient d'y songer déjà : vous aplanir d'avance les difficultés qu'il réserve à tout homme est un des buts principaux d'une éducation sérieuse.

» Mais qu'est-ce que l'avenir, ô mes jeunes amis? le savez-vous? vous l'ignorez encore, et les douces illusions de votre âge vous déguisent heureusement tout ce que recouvre ce mot.

» L'avenir! ah! c'est la couronne d'épines, c'est l'épée que vous apercevez en ce moment aux mains de saint Louis. La vie, en effet, a toujours été, et plus que jamais elle est une lutte. On n'y peut prétendre à rien, pas plus à la vertu qu'à l'influence, sans énergie et courage. Il est impossible d'en suivre les routes en homme honorable et en chrétien, si on ne sait tenir résolûment ce glaive dont parle saint Paul, le glaive de la foi, qui abat les ennemis du dehors, après avoir d'abord immolé les passions qui s'agitent en nos cœurs. Enfants, ne rêvez donc pas trop de fleurs dans les chemins divers où la Providence vous conduira; comptez sur des épreuves inévitables et nécessaires d'ailleurs. Et serait-il donc chrétien, serait-il même homme celui qui prétendrait ceindre sa tête de roses inflétrissables, écartant de son front ce diadème douloureux mais salutaire, sanctifié par l'Homme-Dieu, et devenu, depuis ce contact, la noble ambition des grandes âmes et des cœurs fortement trempés?

» Non, vous n'oublierez pas, M. E., que votre existence, en quelque condition qu'elle s'écoule, est appelée à être une *croisade* contre les fausses idées, les principes erronés et les tendances funestes qui menacent le monde d'une façon plus terrible que le croissant attaqué par saint Louis ne menaçait jadis l'Europe.

» Jeunes gens, vous vous trouverez d'avance armés pour cette guerre inévitable et sacrée, si vous vous êtes profondément pénétrés des principes énergiques que M. l'abbé Lévêque a donnés pour base à cet établissement. Déjà il en est sorti de nombreuses et vaillantes recrues, enrôlées dans toutes les phalanges du bien; vous grossirez leurs rangs, et, à votre tour et à votre heure, mes enfants, vous deviendrez l'honneur et l'orgueil de cette maison, dont vous êtes présentement la parure. Vos vertus, en charmant vos familles, en édifiant le monde, en servant la société, iront réjouir devant Dieu le prêtre bien-aimé qui en déposa dans vos âmes le germe béni, et lui vaudront de nouveaux droits à partager la félicité et la gloire de son royal patron.

» Je ne veux pas finir sans expliquer à quel titre j'é-
lève la voix dans cette fête intime. Nouvellement arrivé
parmi vous, peut-être devais-je décliner l'honneur de
parler de celui que vous regretterez longtemps. J'ai cependant une excuse à alléguer. Moi aussi j'ai connu, j'ai
apprécié, j'ai aimé M. Lévêque. Lui-même m'honorait
depuis près de dix ans d'une affectueuse bienveillance.
Permettez-moi d'ajouter qu'en venant partager les travaux de ses amis et de ses frères, je réponds à des désirs
et à des vœux plus d'une fois exprimés par lui, et dont
les circonstances ont reculé l'exécution. Mais puisque la
Providence m'amène ici pour y continuer l'œuvre de
M. Lévêque, et seconder ses collaborateurs dévoués, je
ne pouvais pas, je ne devais pas refuser l'occasion qui
m'était offerte de m'accréditer auprès de vous, en plaçant
mes faibles efforts sous le patronage et la sauvegarde
d'une mémoire vénérée, chérie et puissante sur vos
cœurs. »

Ces discours furent suivis du chant d'une cantate dont
les paroles avaient été composées par deux élèves,
MM. Albert Gérard et Melchior de Vogué, et dont la mu-
sique, empreinte d'un caractère grave et religieux, était
l'œuvre de M. Nicou-Choron, maître de chapelle de l'établissement.

A la fin de la séance, M. l'abbé Chardon, directeur de
la maison, prit la parole, et, d'une voix émue, remercia
les enfants de la bonne pensée qu'ils avaient eue, les
parents présents à la séance de l'empressement avec

lequel ils témoignaient de leur reconnaissance envers
M. l'abbé Lévêque, comme déjà ils l'avaient fait à ses fu-
nérailles, et exprima l'espérance de voir l'avenir de
l'Institution Notre-Dame d'Auteuil répondre toujours à
son passé.

« MESSIEURS,

» Je ne viens point prolonger la séance en vous adres-
sant un discours ; je viens seulement payer une dette en
exprimant des remercîments.

» Remercîments d'abord à nos chers enfants : permettez-moi de commencer par eux ; sans eux nous ne serions
pas ici : car ils ont été les promoteurs spontanés, ardents,
de cette réunion, je ne veux pas dire de cette fête, à
cause de la date trop récente que vous savez, et qui en a
été la douloureuse occasion.

» Remercîments aux familles dont les sympathies ont
été si sincères et si profondes il y a quelques semaines,
et qui viennent aujourd'hui nous en donner un nouveau
et si touchant témoignage.

» Remercîments aux personnes dont les paroles bien-
veillantes ont fait vibrer tout à l'heure tant de sentiments, et ranimé tant de regrets. Seulement, dans ce que
vous venez d'entendre, il est des choses personnelles
auxquelles je ne dois pas répondre ici. J'exprimerai cependant ma reconnaissance particulière à mon ancien
ami, monsieur Gaslonde, qui, en nous honorant de sa
présence, a bien voulu représenter et retracer les souvenirs du passé.

» Remercîments, enfin, à l'affection de nos anciens élèves, qui sont venus se joindre à leurs plus jeunes frères, et témoigner une fois de plus leurs profonds regrets pour celui que nous avons perdu.

» J'ai promis de ne dire que quelques mots ; je m'arrête : mais permettez-moi en terminant de tirer de cette séance cette conclusion : la famille d'Auteuil peut légitimement espérer, avec l'aide de Dieu et de Notre-Dame, de voir se réaliser cette pensée d'un chant que plusieurs de vous connaissent :

« Oui ! ce que Dieu sème prospère ;
« Ce que Dieu sème vit longtemps. »

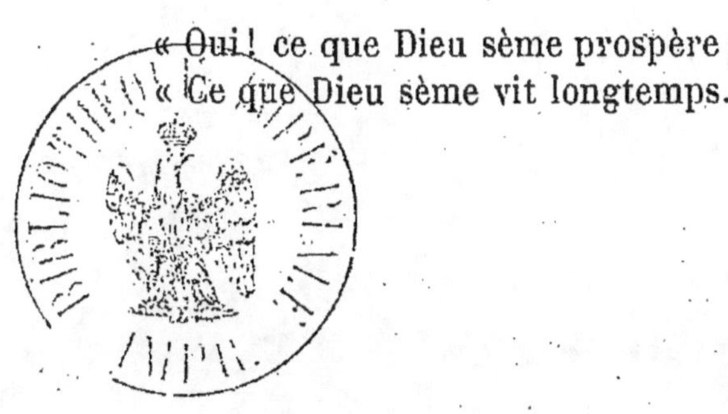